Rems-Murr-Kreis

Bettina Glas/Gerhard Neusser/Michael Vogt

Rems-Murr-Kreis

Vielfalt eines liebenswerten Landkreises

Jan Thorbecke Verlag

Bibliografische Information der Deutschen Nationalbibliothek
Die Deutsche Nationalbibliothek verzeichnet diese Publikation in der Deutschen Nationalbibliografie; detaillierte bibliografische Daten sind im Internet über http://dnb.d-nb.de abrufbar.

www.thorbecke.de · info@thorbecke.de

Bildnachweis:

Seite 44	Edgar Layher
Seite 45	Archiv TraumZeit-Theater
Seite 46/47	Archiv Theater unterm Regenbogen
Seite 90	Bildarchiv Heimat- und Kunstverein Backnang
Seite 91	Helmut Proß
Seite 92	Stadtarchiv Waiblingen
Seite 105	Alfred Kärcher GmbH & Co. KG, Winnenden
Seite 106	Andreas Stihl AG & Co. KG, Waiblingen

Dieses Buch ist aus alterungsbeständigem Papier nach DIN-ISO 9706 hergestellt.
Layout: DOPPELPUNKT, Stuttgart
Gesamtherstellung: Jan Thorbecke Verlag, Ostfildern
Printed in Germany
ISBN 978-3-7995-0182-8

Inhalt

Grußwort 7

Kleiner geschichtlicher Streifzug 8

Stadtansichten 24

Kunst und Kultur 36

Landschaftliche Vielfalt 48

Das Remstal und der Weinbau 48

Schwäbischer Wald 49

Struktur im Wandel 88

Grußwort

Der Rems-Murr-Kreis – lebens- und liebenswert

Der Rems-Murr-Kreis ist mit über 400.000 Einwohnern einer der bevölkerungsreichsten Landkreise Deutschlands und durch eine harmonische und sich ergänzende Vielfalt bestimmt. Einerseits ist er mit der ausgeprägten Erholungslandschaft des Schwäbischen Waldes, dem vorzüglichen Wein des Remstales und der Backnanger Bucht sowie der hervorragenden Gastronomie ein Kreis mit hoher Lebens- und Freizeitqualität. Dazu trägt ein reges und vielgestaltiges kulturelles Leben ebenso bei wie zahlreiche kulturhistorische Kleinode und Fachwerkensembles überall im Kreis, die von der langen und wechselvollen Geschichte seiner Städte und Gemeinden zeugen.

Andererseits gehört der Rems-Murr-Kreis zu einem der wirtschaftsstärksten Ballungsräume Deutschlands und gilt gemeinhin als Landkreis der „Tüftler und Schaffer". Persönlichkeiten wie der Schorndorfer Autobauer Gottlieb Daimler und der Grunbacher Flugzeugkonstrukteur Ernst Heinkel haben diesen Ruf begründet. Firmen von Weltgeltung sind im Rems-Murr-Kreis genauso zu Hause wie eine Vielzahl mittelständischer Betriebe, welche die Erwerbsstruktur unseres Kreises bestimmen. Innovation und Fortschritt sind Markenzeichen seiner Wirtschaft.

Dieses Zusammenspiel von „harten" und „weichen" Standortfaktoren bringt dem Rems-Murr-Kreis in Untersuchungen zur Lebensqualität und Wirtschaftskraft immer wieder regionale und nationale Spitzenplätze ein – ein Landkreis, den zu entdecken sich lohnt. Beim Blättern in diesem Bildband werden Sie einen farbigen Eindruck davon bekommen.

Johannes Fuchs
Landrat des Rems-Murr-Kreises

Kleiner geschichtlicher Streifzug

Der Rems-Murr-Kreis war bereits in der Steinzeit besiedelt. Im letzten vorchristlichen Jahrtausend spielten die Kelten eine entscheidende Rolle, die zu dieser Zeit große Teile Europas beherrschten. Um die Zeitenwende verloren sie ihre Unabhängigkeit. Ihr Land eroberten die Römer, und ihre Sprache und Kultur wurden zurückgedrängt. Die Römer vergrößerten ihr Territorium immer mehr, um 150 n. Chr. schließlich vom Neckar bis in den heutigen Rems-Murr-Kreis. Ostgrenze gegen das freie Germanien wurde der obergermanisch-rätische Limes, der sich auf 550 Kilometern Länge zwischen Rhein und Donau erstreckte. Dieser Grenzverlauf markiert die weiteste Ausdehnung des Römischen Reiches. Bereits einhundert Jahre später, etwa 260 n. Chr., wurden die Römer durch die Alemannen aus dem Rems-Murr-Kreis vertrieben. Die erhalten gebliebenen Reste des Limes wurden im Jahre 2005 als UNESCO-Weltkulturerbe anerkannt.

32 Kilometer des Limes zwischen Murrhardt und Alfdorf verlaufen auf dem Gebiet des heutigen Rems-Murr-Kreises. Gerade hier im Schwäbischen Wald sind viele Zeugnisse des Limes wie sein Wall und die Grundmauern seiner Kastelle und Türme erhalten geblieben. So ist diese antike Grenze heute ein lohnendes und interessantes Ziel für Familien, Wanderer und Radfahrer gleichermaßen.

In der Zeit der Klostergründungen um 800 n.Chr. entstand das Kloster Murrhardt, das fast 750 Jahre lang die Geschichte des Ortes und seiner Gegend prägte. Die zu Ehren des Klostergründers errichtete Walterichkapelle ist ein Kleinod spätromanischer Baukunst.

Als die ersten fassbaren Grundherren im Kreisgebiet können die Karolinger angesehen werden. In Waiblingen gab es einen Königshof, den Kaiser Karl III. (der Dicke) mehrmals besuchte. Den Karolingern folgten die Salier und schließlich im 11. Jahrhundert durch Heirat die Staufer. Das Geschlecht der Staufer war bis zu seinem Niedergang beherrschend im heutigen Kreisgebiet. Nach dessen Untergang im 13. Jahrhundert gelang es den Grafen von Württemberg, von ihrem vermutlich ersten Sitz am Westrand des Schurwalds aus hier Fuß zu fassen.

In Backnang, im Norden des Kreises, schien die Geschichte zunächst einen anderen Verlauf zu nehmen, ging doch dieser Ort 1070 durch Heirat in den Besitz der Markgrafen von Baden über. Die Badener errichteten dort 1116 ein Augustiner-Chorherrenstift, dessen wenig später erbaute Stiftskirche St. Pancratius bis in die Mitte des 13. Jahrhunderts als Grablege der Markgrafen von Baden diente. Doch bereits um 1300 kam Backnang durch die Heirat der Markgrafentochter mit dem Grafen von Württemberg als Mitgift an das Haus Württemberg, so dass im 14. Jahrhundert das Land an Rems und Murr fast zur Gänze württembergisch war. Mächtigstes Zeugnis der badischen Herrschaft ist wenige Kilometer murraufwärts die Burg Reichenberg, die zum Schutz des badischen Besitzes und zur Kontrolle der Handelswege errichtet wurde. Von ihr sind Bergfried und Ringmauer sowie das im 16. Jahrhundert errichtete Schloss fast vollständig erhalten.

Auch wenn die Württemberger bereits 1321 – nach der Zerstörung des Stifts in Beutelsbach – ihre Grablege nach Stuttgart verlegt haben, kann doch konstatiert werden, dass die beiden Herrschergeschlechter Württemberg und Baden ihre ersten Grablegen im Gebiet des Rems-Murr-Kreises hatten und somit nicht ganz zu Unrecht vom Rems-Murr-Kreis als der Wiege Badens und Württembergs gesprochen werden kann. Von dieser frühen Bedeutung des Rems-Murr-Kreises in der südwestdeutschen Geschichte zeugt baulich nahezu nichts mehr, lediglich der gotische Chor der Backnanger Pfarrkirche St. Michael kann im unteren Teil des so genannten Stadtturmes bewundert werden.

Neben Asperg, Leonberg und Stuttgart gehört Waiblingen zu jenen vier Ämtern, die in den ältesten Lagerbüchern der Grafschaft Württemberg aus der Zeit um 1350 nachgewiesen sind. Seitdem ist Waiblingen kontinuierlich Sitz einer Amts- oder Kreisverwaltung.

An der Wende vom Mittelalter zur Neuzeit spielte Beutelsbach noch einmal eine Rolle in der württembergischen Geschichte, nahm doch von hier aus 1514 der Bauernaufstand des „Armen Konrad“ seinen Ausgang. Er entzündete sich an einer neuen Verbrauchssteuer. Der Beutelsbacher Peter Geyser, auch Geißpeter genannt, gab den Anstoß dazu, indem er die neuen Gewichtssteine in der Rems versenkte. Der Aufstand endete für den Anführer und seine Gefolgsleute mit einer Niederlage und der Hinrichtung. Wenn der auf diesen Aufstand folgende Tübinger Vertrag 1514 auch die Machtposition der Ehrbarkeit festigte, so bewirkte er für die unterlegene Bevölkerungsschicht doch eine gewisse Rechtssicherheit gegenüber der landesfürstlichen Willkür. Die soziale Spannung blieb jedoch erhalten, und schon im Jahr 1524 entzündeten sich im Hegau neue Unruhen. Der Bauernkrieg brach aus und griff 1525 auch auf das Land an Rems und Murr über.

Ein weiteres Kapitel der Geschichte im Rems-Murr-Kreis schrieb die freiherrliche Familie von Sturmfeder, die seit dem 12. Jahrhundert ihren Stammsitz in Oppenweiler hatte. Nach dem Ende der badischen Herrschaft schuf sie sich eine ausgedehnte Herrschaft, zu der außer Oppenweiler auch Großaspach und etliche weiter entfernte Besitzungen gehörten. Obgleich reichsunmittelbare Ritter, standen sie in enger Verbindung zum Haus Württemberg. 1782 errichteten sie ein sehenswertes Wasserschloss im klassizistischen Stil. Um die Insel mit dem Schloss wurde von Friedrich Ludwig von Sckell, dem Schöpfer des Englischen Gartens in München, ein Schlosspark angelegt. 1806 übernahm Württemberg die Landeshoheit mit allen Rechten, dennoch gelang es den im evangelischen Württemberg immer katholisch gebliebenen Sturmfedern, aus ihrem Privatgottesdienst bereits im 19. Jahrhundert eine katholische Pfarrei aufzubauen. Sie lebten im Mannesstamme bis 1901 in Oppenweiler, dessen Ortswappen noch heute ihr Ritterwappen – die drei Beile – trägt. Heute ist das Schloss Rathaus der Gemeinde.

Die Kriegswirren des 17. Jahrhunderts und die beginnende Aufklärung waren zwei Triebfedern des Pietismus, der im 18. Jahrhundert vor allem in Württemberg viel Zulauf fand. Zwei wichtige Wegbereiter dieser Strömung stammten aus bzw. wirkten im Rems-Murr-Kreis: der gebürtige Winnender Johann Albrecht Bengel (1687–1752), der sich in der Auslegung des neuen Testaments besonders durch seine Endzeittheorien hervortat, und Friedrich Christoph Oetinger (1702–1782), der die letzten 16 Jahre seines Lebens Prälat in Murrhardt war. Sein Wirken ging weit über Württemberg hinaus, hat er doch viele Dichter und Denker wie Schiller, Hölderlin, Hegel, Mörike und Hesse beeinflusst. Die Geisteshaltung des Pietismus hatte auch an Rems und Murr lange Zeit großen Einfluss auf die Kultur- und Sozialgeschichte und wirkt noch heute mancherorts nach.

Als Lohn für die Napoleon erwiesene Bündnistreue erhielt Württemberg neben neuen Landesteilen im Jahr 1806 auch die Königswürde. Neue Verwaltungsstrukturen schufen eine neue Ämtereinteilung. Der größte Teil des Gebietes des späteren Rems-Murr-Kreises wurde in die vier ehemaligen Oberämter Schorndorf, Waiblingen, Welzheim und Backnang eingeteilt, aus denen wiederum im Jahr 1938 die Landkreise Waiblingen und Backnang hervorgingen. Seit der Kreisreform 1973 bilden 31 Städte und Gemeinden aus diesen beiden Landkreisen den Rems-Murr-Kreis.

Auch im 20. Jahrhundert haben Bürger des Rems-Murr-Kreises Akzente in der Landespolitik gesetzt, insbesondere nach Krieg und NS-Diktatur. So fand nur zehn Wochen nach Kriegsende am 21. Juli 1945 in Murrhardt die erste Landrätekonferenz in Württemberg statt, die wichtige Impulse für den Neubeginn demokratischen Lebens gab. Die aus Althütte stammende Anna Haag (1888–1962) setzte sich als Abgeordnete der verfassunggebenden Landesversammlung und des ersten Landtages für Humanität und soziale Gerechtigkeit ein und initiierte den Grundgesetzartikel zur Kriegsdienstverweigerung. Im Jahr 1952 wurde der in Schorndorf geborene Reinhold Maier (1889–1971) erster Ministerpräsident des neu gebildeten Bundeslandes Baden-Württemberg.

▲ Backnang, Grablege der Markgrafen von Baden

◄◄ Limeslager

◄ Beutelsbach, Stiftskirche, Grablege des Hauses Württemberg

Armer Konrad

◄ Burg Reichenberg

↗ Oppenweiler, Wasserschloss – heute Rathaus, erbaut von den Herren Sturmfeder

▼ Blick vom Schurwald ins Remstal
Bildmitte: Y-Burg

◄ Limes: Welzheim, Ostkastell

▼ Großerlach-Grab, Wachturm und Palisade

Welzheim, Ostkastell

Archäologischer Park

Murrhardt, Stadtkirche, ehemalige Klosterkirche

Die spätromanische Walterichskapelle

Backnang, Stadtturm

Oppenweiler, Wasserschloss

▲ Beutelsbach, Stiftskirche

► Waiblingen, Beinsteiner Tor

▼ Schorndorf, Schloss

Kernen-Stetten, Y-Burg

▲ Waiblingen,
im Hintergrund die Michaelskirche

◄ Heiliger Michael

► Beinsteiner Torturm

DUBNER
ARMY STORE

Stadtansichten

Von den acht Städten im Rems-Murr-Kreis sind sechs historische Stadtgründungen und zwei zu Städten angewachsene oder zusammengelegte Dörfer.

Größte Stadt mit rund 53.000 Einwohnern ist die Kreisstadt Waiblingen, die ihre Entstehung und Entwicklung der Lage an einer Furt in der Rems verdankt. Der Altstadtrücken liegt wie ein Querriegel am Ende des breiten Keupertales der Rems. Hier mündeten wichtige Heer- und Handelsstraßen. Von ihrer Bedeutung im Mittelalter unter den Adelsgeschlechtern der Karolinger, Staufer und Salier blieb baulich nahezu nichts erhalten. Im Dreißigjährigen Krieg wurde die Stadt 1634 bis auf wenige Häuser niedergebrannt. Die heutige Altstadt stammt deshalb aus den Jahren 1640 bis 1700 und gehört zu den denkmalgeschützten, historisch wertvollen Gesamtensembles in der Region Stuttgart. Die Stadtmauer ist über größere Strecken hinweg überbaut, an einigen Stellen jedoch mitsamt dem Wehrgang erhalten. Von den Tortürmen überragen der Beinsteiner Torturm im Osten und der Hochwachtturm im Westen noch heute die Stadt. Außerhalb der Mauern gelegen und deshalb den Stadtbrand überstanden haben im ehemaligen Wehrkirchhof die Urkirche des unteren Remstals, die Michaelskirche, und ihre Beinhauskapelle, das so genannte Nonnenkirchle. Die spätgotische Michaelskirche beeindruckt im Seitenchor mit einem kunstvollen Hochrelief des hl. Michael von 1470, der den Bildersturm der Reformationszeit überdauert hat, und einer Kanzel aus dem Jahr 1484, welche die vier abendländischen Kirchenväter zeigt.

Heute ist Waiblingen mit seiner Mischung aus historischem Flair und moderner, schwäbischer Geschäftigkeit Mittelzentrum und wichtigster Industrie- und Dienstleistungsstandort im Rems-Murr-Kreis. Die Stadt ist bemüht, ihre besondere Lage an der Rems wieder in den Mittelpunkt zu stellen. Schwerpunkt ist hierbei der Talauepark, der aus früheren Überschwemmungsgebieten der Rems nördlich und östlich der Innenstadt entstanden ist. Hier wurde die parkartige Auwiesenlandschaft durch verschiedene Feuchtbiotope und offene Wasserflächen aufgewertet, die gleichzeitig eine ökologische Funktion erfüllen. Im besonderen Blickpunkt steht dabei der Übergangsbereich von der Talaue zur Altstadt, der Begegnungsfunktionen erfüllen soll. Hier sind bereits das Bürgerzentrum, ein Jugendgästehaus und ein Kulturhaus mit Biergarten direkt am Fluss entstanden. In den kommenden Jahren soll dieser Bereich remsabwärts durch die neue Galerie Stihl und die Kunstschule sowie eine Neugestaltung des Wasens erweitert und die Beziehung von Natur und Kultur weiter gestärkt werden.

Auch Backnang, das Mittelzentrum im Norden des Rems-Murr-Kreises mit 36.000 Einwohnern, verdankt seine Entstehung einem Flussübergang, konnte doch der Murrübergang (heute Sulzbacher Straße) vom mächtigen Muschelkalkfelsen des Burgberges in idealer Weise überwacht werden. Nach den Karolingern und Hessonen war Backnang im 12. und 13. Jahrhundert zweihundert Jahre lang Machtzentrum der Markgrafen von Baden, die dort 1116 ein Chorherrenstift einrichteten, einige Zeit dort ihre Grablege hatten und Backnang zur Stadt erhoben. Um 1300 fiel Backnang als Mitgift an das Haus Württemberg, das seinen Einfluss auf das Stift ausbaute, ehe dieses im Zuge der Reformation seine geistliche Funktion verlor.

Backnangs Wahrzeichen und markantester Punkt der Stadtsilhouette ist der Stadtturm. In seinem unteren Teil befindet sich der aufwändig restaurierte gotische Chor der ehemaligen Kirche St. Michael aus dem 13. Jahrhundert mit polygonalem Grundriss, neunteiligem Gewölbe und reichhaltigen Kapitellen. Er ist Teil des

Stiftshofes, des heutigen Kultur- und Verwaltungszentrums der Stadt, in dem unter anderem die städtische Galerie im Turmschulhaus, die Galerie im Helferhaus, das Grafikkabinett, das Traum-Zeit-Theater und das deutsche Zauberzentrum zu finden sind.

Durch die frühe Industrialisierung im 19. Jahrhundert wurde Backnang einer der wichtigsten Standorte der Leder- und Textilindustrie in Süddeutschland. Im 20. Jahrhundert hat es einen schwierigen Umstrukturierungsprozess in Richtung Elektro- und Nachrichtentechnik sowie Dienstleistungen erfahren, der noch heute nachwirkt und im Stadtbild seine Spuren hinterlassen hat, galt und gilt es doch, zahlreiche Industriebrachen einer neuen Nutzung zuzuführen. Gelungen ist dies im Bereich des Einzelhandels, wo Backnang inzwischen die zweithöchste Zentralität in der Region Stuttgart hat, weit vor allen anderen Städten des Rems-Murr-Kreises, aber auch vor der Landeshauptstadt Stuttgart.

Schorndorf im mittleren Remstal (40.000 Einwohner) war im 16. Jahrhundert die östlichste Stadt im württembergischen Territorium. Ab 1534 ließ Herzog Ulrich einen Festungsgürtel um das mittlere Neckarland legen und in diesem Zusammenhang Schorndorf zur Stadtfestung mit einem neuen Schloss als Zitadelle zur Absicherung des Landes nach Osten ausbauen. In dem trapezförmigen Schloss mit Rundtürmen sind noch heute staatliche Behörden untergebracht.

Schorndorf besitzt die meisten Baudenkmäler im Rems-Murr-Kreis, der obere Marktplatz zählt wohl zu den schönsten Plätzen im Lande, legt sich doch um den eisernen Marktbrunnen auf drei Seiten eine Kulisse beachtenswerter Fachwerkbauten, unter denen die Palm'sche und die Gaupp'sche Apotheke besonders hervorstechen. Diese Bauten sind auch ein Spiegel dessen, dass Schorndorf nicht nur militärisch-strategisch eine Spitzenstellung einnahm, sondern auch in wirtschaftlicher Hinsicht eine der bedeutendsten württembergischen Städte war, was neben anderem auf den Weinhandel zurückzuführen ist. Die unweit des Marktplatzes befindliche imposante Stadtkirche ist einer der wichtigsten spätgotischen Kirchenbauten Süddeutschlands. Bauliches Juwel ist dabei die Marienkapelle, deren Netzrippengewölbe in der Reihung einander berührender Kreise den Stammbaum Christi symbolisiert.

Die sanierte Innenstadt mit ihrem besonderen Ambiente ist Dreh- und Angelpunkt des geschäftlichen, kulturellen und gesellschaftlichen Lebens in der Marktstadt Schorndorf. Dabei ist es als besonders positiv zu bewerten, dass es gelang, diese durch ein neues Quartier, das Arnold-Areal, zu erweitern. Es wurde auf einer Industriebrache errichtet. Durch den Erhalt und die Modernisierung der städtebaulich bedeutsamen und teilweise denkmalgeschützten Architektur blieb der ursprüngliche Charakter des Gebietes erhalten. Besonderer Wert wurde dabei auf die nahtlose Einfügung in bestehende Strukturen und eine lebendige Nutzungsmischung aus privaten und öffentlichen Dienstleistungen, Gewerbe, Wohnen, Kultur und Freizeit gelegt. Das Projekt wurde inzwischen mit dem ersten Preis des Verbandes Region Stuttgart im Wettbewerb „Modellprojekt innerörtlicher Einzelhandel" ausgezeichnet. Ein Beleg dafür, dass die Stärkung der Schorndorfer Innenstadt gelungen ist.

Neben diesen drei größeren und den drei kleineren historischen Städten Winnenden, Murrhardt und Welzheim finden sich im Rems-Murr-Kreis zwei Städte, die aus Weingärtnerdörfern entstanden sind. Es ist dies zum einen Fellbach (44.000 Einwohner), auf dessen Gemarkung schon keltische, römische und alemannische Besiedlung nachzuweisen ist. Der Weinort am Kappelberg, der stark vom Pietismus geprägt wurde, erhielt 1933 Stadtrechte und schloss sich in den Jahren 1973/74 mit den Nachbargemeinden Schmiden und Oeffingen zur zweitgrößten Stadt im Rems-Murr-Kreis zusammen. Typisch für Fellbach ist heute die Mischung von historischer und moderner Bausubstanz, von wirtschaftlicher Dynamik und Weinbautradition, von schwäbischer Beschaulichkeit und zukunftsorientierter Aufgeschlossenheit. Die wirtschaftliche Struktur der Nachbarstadt Stuttgarts ist einerseits durch den traditionellen Wein- und Gartenbau und andererseits durch eine hochspezialisierte Industrie und einen weitgefächerten Dienstleistungssektor geprägt, weshalb die Stadt nach Waiblingen auch die zweitgrößte Beschäftigtenzahl und den zweithöchsten Einpendlerüberschuss im Landkreis aufzuweisen hat.

Die Geschichte des Weinbaus in Fellbach wird in der Alten Kelter von 1906 dokumentiert, einem eindrucksvollen Bauwerk, in dem sich die traditionelle Fachwerkbauweise mit den Größenvorstellungen industrieller Zweckbauten zu Deutschlands größter Gemeindekelter verbindet. Sie ist aber nicht nur Weinbaumuseum, sondern auch Ort für Kunst und Kultur mit einem breit gefächerten Veranstaltungsprogramm – sozusagen der kleine Bruder der erst 2006 nochmals erweiterten Schwabenlandhalle als Kongress- und Kulturzentrum der Stadt.

Auch das imposante neue Rathaus aus dem Jahr 1986 veranschaulicht das Selbstbewusstsein Fellbachs, dominiert es doch die neue Stadtmitte und ist nicht nur Verwaltungsgebäude, sondern auch Treffpunkt für Veranstaltungen aller Art. In einem Seitenflügel ist die Städtische Galerie untergebracht. Eine Besonderheit ist das Rathausglockenspiel aus echtem Meißener Porzellan – Meißen ist Partnerstadt von Fellbach –, das viermal täglich jahreszeitlich wechselnde Melodien erklingen lässt. Das moderne Gebäudeensemble Schwabenlandhalle/Rathaus hat im Jahr 2000 durch den eigenwilligen Neubau der Musikschule und die großzügige Platzgestaltung einen kongenialen Mittelpunkt gefunden.

Auch die Stadt Weinstadt (26.000 Einwohner) ist durch die Gemeindereform 1975 entstanden – aus fünf Weinbaugemeinden mit langer Geschichte. Sie ist eines der größten Weinbauzentren in Baden-Württemberg und Sitz des Verkehrsvereins „Remstal-Route". Neue und alte Keltern prägen zusammen mit den teilweise historischen Ortsbildern die Stadtteile, die nicht zuletzt auch wegen der vielfältigen Gastronomie beliebte Ausflugsziele sind.

Fellbach, Rathaus

◄ Innenhof mit Skulptur
► im Hintergrund Turm der Lutherkirche

Backnang
Innenstadt

Stadtturm

Karl
Schock

▲ Waiblingen
Hochwachtturm

◄ Talauensee

► Brunnen von Hüseyin Altin

◄ Winnenden, Marktbrunnen mit Justitia

▼ Waiblingen, Anlegestelle am Remsufer
im Hintergrund der Biergarten Schwaneninsel

► Schorndorf, Arnold Galerie

bulthaup

Weinstadt-Strümpfelbach, Rathaus

Hauptstraße

Schorndorf, Marktplatz

Kunst und Kultur

Der Rems-Murr-Kreis wird meist mit seinen guten Weinen, seinen weltweit bekannten Firmen und seinen landschaftlichen Schönheiten in Verbindung gebracht. Sein vielfältiges kulturelles Leben ist jedoch genauso Teil seiner hohen Lebens- und Freizeitqualität. Er war und ist Lebensmittelpunkt vieler Künstler mit einer großen stilistischen Spannbreite. Sie alle haben jedoch eines gemeinsam: die Verbundenheit mit unserem Heimatraum, in dem sie entweder geboren wurden oder eine Wahlheimat gefunden haben, die ihnen Rückhalt und Anregung für ihre künstlerische Arbeit gibt.

Ein erstes Zentrum des künstlerischen Schaffens im Rems-Murr-Kreis war Ende des 19., Anfang des 20. Jahrhunderts das Städtchen Murrhardt im Schwäbischen Wald. Dort wurden der impressionistische Tiermaler Heinrich von Zügel und der fantasievolle, surreal-poetische Maler Reinhold Nägele geboren, in deren Werken oft ihre Murrhardter Wurzeln erkennbar sind. Aus dieser Zeit stammt auch die Villa Franck, der Sommersitz eines bekannten Kaffeesurrogat-Produzenten, die mit ihrer gut erhaltenen Jugendstilausstattung ein viel beachtetes Kulturdenkmal und durch die dort stattfindenden Veranstaltungen auch ein beliebter Treffpunkt ist. Sie spiegelt die Zeit Murrhardts in der ersten Hälfte des 20. Jahrhunderts wider, als die Kleinstadt dank des Bahnanschlusses Luftkurort und beliebte Sommerfrische unter anderem der großstädtischen Bevölkerung Stuttgarts war. Einer der Stammgäste war der spätere Bundespräsident Theodor Heuss.

Ebenso beachtens- und besuchenswert wie Murrhardt ist das Weinbauerndorf Weinstadt-Strümpfelbach im Remstal, das durch seine an der Haupt- und Hindenburgstraße noch nahezu geschlossene Bebauung mit Weingärtnerhäusern im Fachwerkstil beeindruckt und jahrzehntelang bis zu seinem Tod Wohn- und Schaffensort des Skulpturenkünstlers Fritz Nuss (1907–1999) war. Dieser hat ein reiches Werk und gleichzeitig eine große und ungewöhnliche Kunstsammlung hinterlassen. Seine Brunnen und Skulpturen sind in vielen Orten des Remstals zu sehen. Eines seiner schönsten und reifsten Werke ist der Rems-Murr-Brunnen vor dem Landratsamt in Waiblingen. Motive aus Landwirtschaft und Weinbau symbolisieren die Landschaft an Rems und Murr. Daneben hat Nuss Tier- und Menschenfiguren, aber auch Medaillen sowie ein Goethe- und ein Mörikegedicht eingearbeitet. Seine Kunstsammlung des schwäbischen Impressionismus und Expressionismus hat sein Sohn Karl-Ulrich Nuss im Museum Nuss der Öffentlichkeit zugänglich gemacht.

Karl-Ulrich Nuss ist ebenfalls Künstler; 24 Objekte von ihm und seinem Vater sind in einem sehenswerten Skulpturenpfad in den Strümpfelbacher Weinbergen aufgestellt. Ganz anders als in einem Museum scheinen die Figuren mit der sich im Rhythmus der Tages- und Jahreszeiten wandelnden Natur zu leben. Im Winter wirken sie klar, fast streng, später beleben sie sich mit dem lichten Bunt des Frühlings und betten sich im Sommer in einen ruhigen grünen Rahmen. Ein faszinierendes Wechselspiel zwischen Natur und Kunst.

Seit einigen Jahrzehnten haben die Jakobswege nach Santiago de Compostela wieder große Bekanntheit erlangt. 1987 hat der Europarat diese Wege der Jakobspilger in ganz Europa zum europäischen Kulturweg erhoben und ihre Ausschilderung empfohlen als Teil des gemeinsamen europäischen Kulturerbes. Bereits im Mittelalter leisteten sie einen wichtigen Beitrag zum gegenseitigen Austausch von Ideen innerhalb Europas. Im Zuge dieser Wiederentdeckung der Jakobswege wurde vor wenigen Jahren auch das entsprechende Wegstück im Rems-Murr-Kreis von Murrhardt über Oppenweiler und Winnenden bis in den Schurwald wieder durchgehend beschildert. Wichtige Stationen sind dabei die Jakobuskirche in Oppenweiler und vor allem die Schlosskirche in Winnenden mit ihrem Hochaltar aus dem 16. Jahrhundert. Er zeigt in aufwändiger und virtuoser Schnitzarbeit unter anderem Szenen aus dem Leben und Wirken des hl. Jakobus und aus der Jakobspilgerlegende. Eine letzte Station des Pilgerweges im Rems-Murr-Kreis ist die spätgotische Feldkapelle „Käppele“ am Fuße der Endersbacher Weinberge.

Ein weiterer Kulturweg im Rems-Murr-Kreis basiert auf dem ehrenamtlichen Engagement von Bürgerinnen und Bürgern und zielt darauf ab, existenzielle Fragen mit künstlerischen Mitteln zu beantworten: der Fellbacher Besinnungsweg, der Menschen auf ihrem (Spazier-)Weg anregen will, sich mit religiösen und weltanschaulichen Fragen auseinander zu setzen. Ausgehend von der alten Oeffinger Feldkapelle „Heilig Kreuz“ ist er auf zwölf Stationen ausgelegt. Im Unterschied zu vielen anderen Skulpturenwegen werden die Kunstwerke unter bestimmten Themenstellungen extra für den Besinnungsweg geschaffen, und die umliegende Landschaft ist einbezogen. Zitate aus der Literatur oder der Bibel verdeutlichen die Botschaft der Kunstwerke von renommierten Künstlern. Themen der bisherigen Stationen sind Zeit, Gott/Transzendenz, Geborgenheit/Vertrauen und Schöpfung.

Ein kulturelles Kleinod aus dem musikalischen Bereich ist im Rems-Murr-Kreis das Silcher-Museum in dessen Geburtshaus in Weinstadt-Schnait. Friedrich Silcher (1789–1860) ist heute vor allem als Komponist und Sammler von Volksliedern bekannt, er beschäftigte sich jedoch als Anhänger der Volksbildungsidee Pestalozzis auch mit der Laienbildung und förderte die im 19. Jahrhundert entstehende Sängerbewegung. Im Silcher-Museum, das bereits 1912 vom Schwäbischen Sängerbund gegründet wurde, veranschaulichen Dokumente und Gegenstände aus seinem Besitz Lebensweg und Wirken des Musikers.

In den vergangenen Jahren haben sich im Rems-Murr-Kreis einige Bühnen der unterschiedlichsten Art etabliert. Sie bieten dem Publikum ein anspruchsvolles und vielfältiges Programm und bereichern so die Kulturszene des Rems-Murr-Kreises um eine weitere Nuance. Das Spektrum reicht dabei vom ambitionierten Puppentheater für Kinder und Erwachsene (Theater unterm Regenbogen Waiblingen, FigurenTheater Phönix Schorndorf, Professor Pröpstls Puppentheater Aspach), in dem auch Spätvorstellungen mit Fasswein und Bauernvesper ihren Platz haben, über engagierte Kleinkunst- und Experimentalbühnen (KABIriNETT Spiegelberg-Großhöchberg, Theater an der Linde Weinstadt-Strümpfelbach, GalliTheater Backnang) bis hin zu Varieté- (TraumZeit-Theater Backnang) und Mundartbühnen (Plüderhäuser Theaterbrettle). Eine lebendige Vielfalt, die gut zum Rems-Murr-Kreis passt und von der Kreativität und Schaffenskraft seiner Bewohner zeugt und getragen wird.

Das vielfältige kulturelle Leben, von dem hier nur einige Beispiele aufgeführt werden konnten, gibt dem Rems-Murr-Kreis Identität und Profil, es ist Orientierung, Rückschau und Ausblick zugleich und nicht zuletzt Teil seiner hohen Lebens- und Freizeitqualität.

Waiblingen,
Detail des Rems-Murr-Brunnens
von Fritz Nuss vor dem Landratsamt

Backnang,
Bronzeskulptur von Guido Messer
vor dem Rathaus

Murrhardt, Villa Franck
Jugendstilvilla

◄ ▲ Winnenden, Schlosskirche

Winnenden, Schlosskirche, Jakobusaltar

Jakobuslinde

Weinstadt, Skulpturenpfad

Murrhardt, Städtische Kunstsammlung

Reinhold Nägele,
► Selbstporträt
▼ Murrhardter Viehmarkt

Backnang, TraumZeit-Theater

Waiblingen,
Theater unterm Regenbogen

Landschaftliche Vielfalt

Der besondere landschaftliche Reiz des Rems-Murr-Kreises liegt in der Vielfalt. Die Berglen und der Schwäbische Wald in der Mitte und im Osten des Kreises sowie der Schurwald im Süden gehören zum Keuperbergland des südwestdeutschen Schichtstufenlandes. Die beiden dem heutigen Kreis namengebenden Flüsse Rems und Murr durchfließen von Osten her in zunächst breiten Tälern den Kreis und treten im Westen des Gebietes in die fruchtbaren Gäulandschaften des Schmidener Feldes, der Winnender und der Backnanger Bucht ein, wo ihre Täler im härteren Muschelkalk deutlich schroffer und enger werden, bevor sie in den Neckar münden.

Das kurvige Linienspiel des bis zu dreihundert Meter hohen Keuperstufenrandes ist das ausdrucksvollste Landschaftselement des Rems-Murr-Kreises. Es durchzieht den Kreis von Südwesten nach Nordosten und umsäumt des ganze Remstal. Diese Geländestufe bietet viele Aussichtspunkte und wird überragt von alten Burgen wie der Y-Burg bei Kernen-Stetten, dem Schloss Waldenstein über dem Wieslauftal, dem Wartturm bei Bürg über Winnenden, dem Schloss Ebersberg über dem Weissacher Tal und der Burg Reichenberg bei Oppenweiler. Die Sonnenlagen dieses Stufenrandes tragen oft Weinberge, die Schattenhänge Streuobstwiesen, und an den Hangkuppen beginnt der Wald.

Das Remstal und der Weinbau

Der Weinbau hat im Rems-Murr-Kreis eine bald tausend Jahre alte Tradition. Er prägt das kulturelle Leben und den Alltag der Menschen. Zum typischen Ortsbild gehören Fachwerkhäuser und Keltern, ein besonders schönes Beispiel hierfür ist Weinstadt-Strümpfelbach. Charakteristisch ist die vom Weinbau geformte Landschaft des Remstals mit ihren zahlreichen Weinbergen. Aussichtpunkte wie Großheppacher Kopf, Korber Kopf und Hörnleskopf oder Aussichtstürme wie der Kernenturm bei Kernen-Stetten und der Aussichtsturm auf der Boucher Höhe eröffnen Panoramablicke auf die Rebhänge sowie den Schwäbischen Wald und den Schurwald.

Die Spitzenweine, die in günstiger Zusammenwirkung von Boden und Klima im Rems-Murr-Kreis reifen, werden bei vielen Weinprämierungen ausgezeichnet. Bei lediglich zehn Prozent der Anbaufläche verzeichnet das Remstal immerhin 45 Prozent an Spitzenbetrieben in Baden-Württemberg. Mit der Remstalkellerei in Weinstadt-Beutelsbach hat der Landkreis die größte Gebietsgenossenschaft, in der 2.000 Weingärtner zusammengeschlossen sind. Mit der Weingärtnergenossenschaft Fellbach, der zweitältesten Wengertervereinigung in Württemberg, hat der Landkreis ebenfalls einen Spitzenbetrieb. Der Weinbau stellt einen erheblichen Teil der Landwirtschaft im Rems-Murr-Kreis dar, der beachtliche Erträge erzielt und einige der jungen Wengerter haben sich in den letzten Jahren an die Spitze emporgearbeitet und immer wieder Auszeichnungen erhalten.

Wo guter Wein wächst, wissen die Menschen in der Regel auch gutes Essen zu schätzen. Kein Wunder also, dass sich auch die Gastronomie hier dynamisch und vielfältig entwickelt hat. Viele Gasthäuser haben eine lange Tradition, manche sind schon im 16. oder 17. Jahrhundert als Stationen des Postkutschenverkehrs entstanden. Heute laden gehobene Lokale, urige Gasthöfe und regionaltypische Besenwirtschaften vielerorts auch mit jungen engagierten Gastwirten zur Einkehr.

Die Kombination aus malerischer Landschaft, Weinkultur, ausgezeichneter Gastronomie und bewegter Geschichte hat das Remstal zu einem beliebten Naherholungsgebiet werden lassen, das gut erschlossen ist. Zahlreiche Rad- und Wanderwege, Veranstaltungen und Feste aller Art und zu allen Jahreszeiten tun ein Übriges, das Remstal zu einem attraktiven Ziel zu machen.

Der Landstrich zwischen Rems und Murr gehört aber auch zu den ältesten Obstanbaugebieten Württembergs. Der Streuobstbau hat hier große Bedeutung. Er zieht sich als blühendes Band im Frühjahr von Fellbach über die Berglen bis nach Schorndorf. Viele Wengerter und Obstbauern betreiben ihre Landwirtschaft im Nebenerwerb, manche haben auch noch alte Brennrechte und stellen verschiedene Obst- und Beerenschnäpse her. Viele der Erzeuger vermarkten ihre Produkte selbst, sei es in Hofläden oder im Straßenverkauf, den man an vielen Stellen im Remstal findet und der für Ausflügler und Einheimische eine zusätzliche Attraktion ist.

Schwäbischer Wald

Die hügelige Landschaft mit Wäldern, Wiesen, Tälern und Hochflächen macht den besonderen Reiz des Schwäbischen Waldes aus. Einen guten Überblick über den Schwäbischen Wald hat man unter anderem vom Aussichtsturm Juxkopf bei Spiegelberg.

Der Schwäbische Wald ist geprägt von Klingen, Schluchten, Stollen und Grotten. Die Hörschbachwasserfälle bei Murrhardt und eine Reihe von Badeseen machen das Landschaftsbild komplett. Der wohl bekannteste See im Schwäbischen Wald ist der Ebnisee, der im 18. Jahrhundert als Treibsee für die Holzflößerei angelegt wurde. Sobald man das Verschlusswerk des Sees öffnete, schoss das Wasser zu Tal und riss das Holz mit. Floßknechte mit langen Stiefeln schoben stecken gebliebene Hölzer vom Ufer aus mit Stangen weiter. In Waiblingen wurde das Holz von großen Rechen in der Rems aufgehalten und von „Pickern" herausgezogen. Mit der aufkommenden Industrialisierung und den besser werdenden Verkehrsverbindungen auf Straße und Schiene endete die Remsflößerei.

Ein weiterer Wirtschaftszweig im Schwäbischen Wald war die Glasherstellung, die seit dem ausgehenden Mittelalter von Bedeutung war. Der Holzverbrauch für die Schmelzöfen und die Pottascheherstellung war so groß, dass der gesamte Wald im Umkreis von Kilometern abgeholzt wurde. Heute erinnern nur noch Ortsnamen wie Althütte, Cronhütte oder Neufürstenhütte an dieses Gewerbe.

Neun historische Säg- und Mahlmühlen prägen bis heute das Bild des Schwäbischen Waldes. Zahlreiche dieser gut erhaltenen oder restaurierten historischen Mühlen befinden sich entlang des weit über die Region hinaus bekannten Mühlenwanderwegs. An jedem Pfingstmontag findet der Deutsche Mühlentag statt, an dem die meisten Mühlen im Schwäbischen Wald zur Besichtigung geöffnet sind. Eine gute Gelegenheit, den Schwäbischen Wald kennen zu lernen, bietet einmal im Jahr auch der „Tag des Schwäbischen Waldes" mit seinen vielen Aktionen und Veranstaltungen.

Der Schwäbische Wald ist Teil des Naturparks Schwäbisch-Fränkischer Wald, der 1979 ins Leben gerufen wurde und überwiegend im Rems-Murr-Kreis liegt. Auf einer Fläche von rund 900 km² umfasst er eine naturnahe und reich strukturierte Kultur- und Erholungslandschaft, deren umweltverträgliche und nachhaltige Entwicklung so gefördert werden soll. Seit Gründung des Naturparks flossen rund elf Millionen Euro in Naturparkprojekte. Gefördert werden landschaftsgerechte Erholungseinrichtungen, Maßnahmen der Landschaftspflege – wie zum Beispiel die Pflege von Feuchtwiesen und Bachgehölzen oder Trockenrasen – und die Erhaltung von Bau- und Kulturdenkmälern. Bei allen Projekten gilt es, auf die Naturverträglichkeit von Freizeiteinrichtungen und eine wirksame Besucherlenkung zu achten. Rückzugsgebiete für geschützte Tier- und Pflanzenarten sind vor Störungen zu bewahren. Ein gelungenes Beispiel für einen derartigen Beitrag zum sanften Tourismus ist der Waldbus, der seit 2003 jedes Wochenende in der Saison den Besuchern die Möglichkeit gibt, ohne Auto die Ausflugsziele zu erreichen.

Zur Erholungsinfrastruktur des Naturparks gehört ein über 3.000 Kilometer langes Wander- und Radwegenetz, 25 Natur- und Wanderlehrpfade, fünf Jugendzeltplätze, zahlreiche Spiel- und Grillplätze und viele Badeseen. Im Winter stehen verschiedene Loipen und Skilifte zur Verfügung.

Durch den Naturpark Schwäbisch-Fränkischer Wald verläuft der obergermanisch-rätische Limes, der im Jahr 2005 in die Liste des UNESCO-Weltkulturerbes aufgenommen wurde. Entlang des 32 Kilometer langen Limesverlaufs im heutigen Rems-Murr-Kreis, wo sich auch der Limeswanderweg befindet, wurden Mauerreste freigelegt und Informationstafeln aufgestellt. Einen besonders guten Eindruck erhält der Besucher an der Rekonstruktion des Limesturmes in Großerlach-Grab und am Gasthaus Rössle in Grab, wo einst ebenfalls ein Wachturm stand und eine Schneise durch den Wald freigelegt wurde. Sie gibt den Blick frei auf den schnurgeraden Limesverlauf. In Welzheim ist auf dem Gelände des Ostkastells ein archäologischer Park entstanden, und das dortige städtische Museum informiert ebenso über das römische Leben im Rems-Murr-Kreis wie das Carl-Schweizer-Museum in Murrhardt.

Führer bieten im Rems-Murr-Kreis sachkundige Limes-Exkursionen und Führungen an. Die gut geschulten Experten heißen nach bestandener Prüfung Limes-Cicerones und sind durch ständige Weiterbildung auf dem neuesten Stand der Forschung. Zeitgerecht und anschaulich wird der Limes so für kulturinteressierte Ausflügler zum Erlebnis.

Naherholung in diesem Sinne kann also naturverträglich, lehrreich und familienfreundlich sein, in diesem strukturschwächeren Teil des Landkreises aber auch der Wirtschaft Chancen bieten.

Korb

Straßenverkauf von Kürbissen

► Winnenden-Bürg, Herbstlandschaft

▼ Paraglider im Remstal

◂ Korb mit Korber Kopf

▾ Rebstöcke bei Strümpfelbach

► Mühlenwanderweg

▼ Schorndorf-Schlichten, Aussiedlerhof

18t

Herbst im Remstal

Fellbach, Kappelberg

H. Ritter

Einkehr in Weinstadt

Blick ins Remstal

Trendsport am Remsufer

Aufstieg zum Kleinheppacher Kopf

Panorama Remstal

Waiblingen, Altstadt

Kaisersbach, Hägelesklinge

Impression vom Mühlenwanderweg

► Hagerwaldsee

◄ Großerlach

Viadukt bei der Laufenmühle

Tag des Schwäbischen Waldes

Murrhardt, Hörschbachwasserfälle

Wintersport im Schwäbischen Wald

← Bei Spiegelberg

▲ Radweg bei Welzheim

◄ ▼ Ebnisee

Hagerwaldsee

Kindertag im Schwäbischen Wald

◄ ▼ Menzlesmühle

Murrhardt, Naturparkzentrum

Unterwegs im Schwäbischen Wald

Historischer Omnibus

Dampflok im Wieslauftal

Mühlenwanderweg

Waldbus mit Fahrradanhänger

Hagerwaldsee
Hüttenbühlsee
Hummelgautsche
Menzlesmühle
Hundsberger Sägmühle
1
1
13
RÖMER SPRUDEL
RÖMER SPRUDEL
Idyllische Straße
RÖMER SPRUDEL
RÖMER SPRUDEL
Idyllische Straße

Struktur im Wandel

Die Wirtschaftsstruktur des Rems-Murr-Kreises hat sich im Laufe der Jahrzehnte deutlich gewandelt. So war bis in die Zwanzigerjahre des vorigen Jahrhunderts nicht Waiblingen, sondern Backnang die größte Stadt des Landkreises und einer der führenden Industriestandorte Württembergs. Wichtigste Industriezweige waren damals der Maschinenbau sowie die Textil- und Lederindustrie; letztere brachte aufgrund ihrer Bedeutung Backnang auch den Ruf der süddeutschen Gerberstadt ein. In der Anfangsphase dieser Entwicklung waren viele Kleinbetriebe prägend, wurden doch im Jahr 1871 in Backnang 102 Gerbereien gezählt. Die Einführung von Dampfmaschinen begünstigte jedoch die Konzentration auf wenige große Fabriken. Auf dem Wachstumshöhepunkt der Backnanger Lederindustrie beschäftigten die Lederfabriken Häuser, Kaess, Schweizer und Hodum etwa 1800 Mitarbeiter. In den folgenden Jahrzehnten verlagerten sie dann ihren Produktionsstandort ins Ausland oder stellten den Betrieb ganz ein. Ebenso die größte Textilfabrik, die Spinnerei Adolff, die mit 2.300 Beschäftigen etwa zur gleichen Zeit ihren Zenit erreichte. 1989 wurde auch dort die Produktion nach 157 Jahren Firmengeschichte eingestellt und das Gelände an einen Investor verkauft, der in der denkmalgeschützten und sehenswerten Industriearchitektur inzwischen einen Gewerbepark eingerichtet hat. Geblieben sind auch einige der Fabrikantenvillen an der Hangkante der Murr, so die Villa Kaess, die seit den sechziger Jahren dem Landkreis gehört und deren Gelände so groß war, dass dort auch noch zusätzlich ein mehrstöckiges Verwaltungsgebäude errichtet werden konnte.

Auch in Waiblingen prägten Wirtschaftszweige die industrielle und wirtschaftliche Entwicklung, die heute nahezu verschwunden sind. So war die Stadt an der Rems, die erst mit der Kommunalreform 1973 größte Stadt des Rems-Murr-Kreises und ihr Verwaltungszentrum wurde, zunächst durch drei Dampfziegeleien geprägt, die zu den größten im Königreich Württemberg gehörten. Waiblingen war deshalb die Stadt des „guten Tons". Als Rohmaterial nutzten die Ziegeleien die eiszeitlichen Lösslehmpolster der Gäuflächen des Schmidener Feldes, wie schon 1700 Jahre zuvor eine römische Töpferei, die in den Sechzigerjahren auf diesem Gebiet nachgewiesen wurde. Inzwischen sind die Ziegeleien, mit Ausnahme der Ziegelwerke Hermann Hess & Sohn, verschwunden. Auf dem verkehrsgünstig gelegenen Gelände der Ziegelei Schofer direkt am Bahnhof wurde vor wenigen Jahren das drittgrößte Briefzentrum Deutschlands errichtet, das inzwischen über 1.000 Beschäftigte zählt. An die Ziegelei Schofer erinnert dort heute noch ein Industriekunstpfad, in dessen Gestaltung Maschinenteile und alte Dampfräder der Ziegelei einbezogen wurden.

Auch die Großgärtnerei Münz, die von 1896 bis zum Jahr 2000 bestand, nutzte den fruchtbaren Waiblinger Lössboden. Die Gärtnerei war zeitweise auf Nelken und Orchideen spezialisiert und lieferte bis an den russischen Zarenhof, weshalb Waiblingen zu dieser Zeit als Nelkenstadt Europas bekannt war. Große Beachtung fanden auch die jährlichen Nelkentage, bei denen die Gärtnerei jeweils 100.000 Nelken stiftete, die für einen guten Zweck verkauft wurden. Der Gartenbaubetrieb war mit über zweihundert Beschäftigten und einer glasgedeckten Fläche von bis zu 65.000 Hektar Deutschlands größte Gewächshausgärtnerei. Der Begründer des Betriebes, Emil Münz sen., konstruierte als erster leichte, billige Gewächshäuser, die typenbildend in Deutschland waren. Auf den ehemaligen Flächen der Firma Münz wurden inzwischen öffentliche Gebäude und Wohngebiete errichtet – eines davon, die Blütenäcker, trägt seinen Namen in Erinnerung an diese Epoche Waiblinger Wirtschaftsgeschichte.

Aus dem Rems-Murr-Kreis stammen auch zwei bedeutende Konstrukteure, die mit ihren Entwicklungen die Grundlage für wichtige Industriezweige gelegt haben: der in Schorndorf geborene Kraftfahrzeugpionier Gottlieb Daimler (1834–1900) und der aus Remshalden-Grunbach stammende Flugzeugbauer Ernst Heinkel (1888–1958). Ihrer wird in Schorndorf im Arnold-Areal in den Galerien für Kunst und Technik gedacht. So waren es immer wieder einzelne herausragende Persönlichkeiten, welche die Wirtschaft mit ihren Innovationen voranbrachten.

Dies gilt auch für die beiden größten Industriebetriebe mit Stammsitz im Rems-Murr-Kreis: den Motorsägenhersteller Stihl in Waiblingen und den Spezialisten für Reinigungssysteme Kärcher in Winnenden. Beide sind mit ihren Produkten weltweit führend und von einem dynamischen Wachstum gekennzeichnet. Größter industrieller Arbeitgeber im Rems-Murr-Kreis ist die Bosch-Gruppe, die ebenfalls auf einen württembergischen Industriepionier zurückgeht.

Sowohl für Großunternehmen als auch für kleine und mittelständische Betriebe ist der Rems-Murr-Kreis ein attraktiver Wirtschaftsstandort. Aber auch die zahlreichen Tüftler in den Handwerks- und Industriebetrieben prägen die leistungsfähige Wirtschaft des Landkreises.

Eine Besonderheit der Wirtschaftsstruktur im Rems-Murr-Kreis sind große, traditionsreiche diakonische Einrichtungen wie die Paulinenpflege in Winnenden und die Diakonie Stetten. Die 1823 gegründete Paulinenpflege ist Träger eines Berufsbildungswerkes für hör- und sprachbehinderte Jugendliche, von Wohnangeboten und Werkstätten für Menschen mit Behinderungen sowie eines Jugendhilfeverbundes mit angeschlossener Schule für Erziehungshilfe. Die Diakonie Stetten betreibt mit über 2.500 Beschäftigten u.a. Heime und Werkstätten für Menschen mit geistiger Behinderung, ein Berufsbildungswerk, eine Sonderberufsschule und eine eigene Schule für die Ausbildung von Heilerziehungspflegern.

Größter Arbeitgeber im Rems-Murr-Kreis dürfte jedoch seit der Verwaltungsreform 2005 der Landkreis selbst sein. Rund 2.600 Beschäftigte haben die Rems-Murr-Kliniken und 1.500 die verschiedenen Bereiche des Landratsamtes von der Verwaltung über die Straßenmeistereien, die Forsteinrichtungen, den Abfallwirtschaftsbetrieb bis hin zu den Schulen in seiner Trägerschaft. Insbesondere die beruflichen Schulen, in denen über 10.000 Schülerinnen und Schüler in rund vierzig Schularten unterrichtet werden, sind ein wichtiger Schlüssel zur Zukunft des Landes, ist doch die berufliche Bildung der zentrale Übergang von der Schule in den Beruf. Sie eröffnen jungen Menschen eine Vielzahl beruflicher Perspektiven auf allen Bildungsniveaus. Gleichzeitig leisten sie einen entscheidenden Beitrag zur beruflichen und sozialen Integration auch der schwächeren Jugendlichen.

Mit seinen Angeboten und Diensten auch im sozialen und jugendpflegerischen Bereich ist das Landratsamt ein wichtiger Garant der Daseinsvorsorge im Rems-Murr-Kreis. Ein weiteres Beispiel für eine gelungene Stärkung der Infrastruktur ist die Wiederbelebung der Wieslauftalbahn durch den Landkreis, die ein leistungsfähiges ÖPNV-Angebot geschaffen hat, das jährlich von über einer Million Fahrgästen genutzt wird und den Geldbeutel, die Nerven und die Umwelt schont.

Backnang, Lederfabrikation, Firma Louis Schweizer. Die Lederzurichtung, das Anschmieren, wurde überwiegend von Frauen ausgeführt.

Firma Fritz Häuser Zurichten, Blanchieren

Waiblingen, Nelkentag in den Fünfzigerjahren

Waiblingen, Postkarte der Ziegelei Hess aus dem Jahre 1890, am Standort des Werks 1 (oben) befindet sich heute das Landratsamt des Rems-Murr-Kreises.

Landratsamt

Backnang, Villa Kaess und
Außenstelle des Landratsamtes

Schorndorf, Berufliches Schulzentrum

Backnang, Neubau Berufliches Schulzentrum

Backnang, Berufliches Schulzentrum

Waiblingen, Kaufmännische Schule

Backnang, Gewerbliche Schule

Backnang, Techniksammlung

Schorndorf,
Galerien für Kunst und Technik

- Ernst Heinkel, Flugzeugkonstrukteur
- Motorwagen von Daimler
- Geburtshaus von Gottlieb Daimler

Kernen-Stetten,
Diakonie
Schloss

Winnenden, Paulinenpflege

Skulptur: „Heilung des Taubstummen“
Ausbildung von Hörgeschädigten

Waiblingen, Christian-Morgenstern-Schule,
Schule für Sprachbehinderte

Waiblingen, Industrie-Kunstpfad beim Bahnhof

Winnenden, Firma Kärcher,
Teststrecke für Bodenreinigungsmaschinen

STIHL
STIHL
STIHL
STIHL
STIHL
30
rwaltung
Besucher
RZTEZENTRU

Waiblingen,
Stammsitz der Firma Stihl

Waldbus im Schwäbischen Wald

Wieslauftalbahn

Weinlese im Remstal

Kleinheppacher Kelter,
Anlieferung der Trauben

Bittenfeld, Schnapsbrennerei

Beteiligte Personen

Projektleitung

Bettina Glas, Jahrgang 1968, ist Diplom-Verwaltungswirtin (FH). Sie studierte an der Hochschule für öffentliche Verwaltung in Ludwigsburg und ist seit 1999 Pressesprecherin des Rems-Murr-Kreises und Leiterin der Pressestelle im Landratsamt.

Der Fotograf

Gerhard Neusser, Jahrgang 1955, ist Fotograf und als Mitarbeiter im fotografischen, medienpädagogischen und medientechnischen Bereich des Kreismedienzentrums Rems-Murr-Kreis tätig. Seine Leidenschaft ist es, den Rems-Murr-Kreis fotografisch zu erkunden.

Der Autor

Dr. Michael Vogt, Jahrgang 1957, studierte Geografie und Biologie. Seit 1987 ist er beim Rems-Murr-Kreis als Amtsleiter, seit 2005 als Geschäftsbereichsleiter für Schulen, Bildung und Kultur tätig.